초등학생의 진로와 직업 탐색을 위한
잡프러포즈 시리즈 46

K-POP 작곡가는 어때?

초등학생의 진로와 직업 탐색을 위한 잡프러포즈 시리즈 46

K-POP 작곡가는

서정진 지음

어때?

TALK SHOW

차례

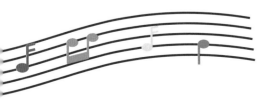

K-POP 작곡가의 마음가짐

K-POP 작곡가 서정진을 소개합니다

CHAPTER 08
10문 10답

CHAPTER 09
서정진 작곡가의 V-LOG

CHAPTER 10
나도 K-POP 작곡가

CHAPTER. 01

K-POP 작곡가 서정진의

프러포즈

K-POP 작곡가 서정진의
프러포즈

안녕하세요, K-POP 작곡가 서정진입니다. 요즘 음악을 듣지 않는 사람은 아마 없을 거예요. 휴대전화와 이어폰만 있으면 과거 히트곡부터 최신 유행하는 노래까지 손쉽게 들을 수 있는 세상이니까요. 그리고 뮤직비디오나 틱톡, 쇼츠의 유행 영상에서부터 댄스 챌린지까지 여러분이 매시간 즐기고 있는 영상에 절대 빠지지 않는 것이 있는데요. 그게 바로 음악과 노래예요.

K-POP은 넓은 의미로 한국의 대중가요^{Korea Pop}를 말하는데, 요즘엔 아이돌이 중심이 되는 가요를 뜻하는 것 같아요. 아이돌 중심의 K-POP은 '칼군무'로 불리는 화려한 안무와 퍼포먼스, 변화무쌍한 곡의 진행, 강력한 팬덤이라는 특별함이 있어요. 점점 발전하는 중이라 다음에는 어떤 특별한 것이 생겨날지 기대되네요.

만약 여러분이 K-POP 곡을 만든다고 상상해 보세요. 인기 절정의 아이돌 가수가 무대에서 내가 만든 노래를 부르고, 그 노래를 수많은 사람이 따라 부르고, 노래에 맞춰 춤을 추는 모습을 본다면 어떤 기분일까요? 정말 기쁘고 뿌듯하지 않을까요? 제가 하는 일이 바로 이런 일이에요.

　노래를 만드는 일은 그 자체로 즐거운 일이에요. 슬픈 노래든 기쁘고 신나는 노래든 내 생각과 감정을 가사로 쓰고, 곡을 만들어 친구나 사랑하는 사람, 가족에게 들려주었을 때 그 노래에 공감하는 모습을 보는 건 참 행복해요. 여러분이 K-POP 작곡가가 되어 이런 일을 전 세계 사람들과 공유한다고 상상해 보세요. 얼마나 좋을까요? 불가능할 것 같다고요? 아니에요. 불과 얼마 전까지 K-POP이 아시아를 넘어 세계로 뻗어나갈 거라고 예상하지 못했지만, 지금은 한국을 넘어 전 세계가 즐기는 음악으로 자리 잡고 있어요. 그래서 미래가 더 기대되는 직업이라고 생각해요.

　K-POP 작곡가가 되려면 무엇을 준비해야 하냐고요? 지금처럼 그냥 K-POP을 듣고 즐기고 느끼면 돼요. 무슨 코드를 썼을까, 이 소리는 어떻게 낼까, 이런 생각은 접어두고 노래를 들으며 느끼는 대로 마음이 가는 대로 따라가 보세요. 제일 중요한 것은 자신의 느낌이니까요.

-K-POP 작곡가 서정진

CHAPTER. 02

K-POP이란

언제부터인가 우리의 음악이 K-POP으로 불리며 세계인의 사랑을 받고 있어요. 세계 어디를 가나 들을 수 있게 된 K-POP! 세계인의 눈과 귀를 사로잡은 K-POP은 어떻게 탄생했고, 그 매력은 무엇일까요?

K-POP은 어떤 장르의 음악인가요?

POP은 Popular에서 왔는데요. Popular는 대중적이고 인기 있다는 뜻이에요. 클래식 같은 순수 예술 음악을 제외한 나머지 대중적인 음악, 즉 넓은 층의 사람들이 공감하고 즐길 수 있는 음악을 POP이라고 부르죠. 누구나 따라 부를 수 있는 간결하고 기억에 남는 멜로디, 쉽게 공감할 수 있는 가사, 리듬에 맞춰 춤을 추거나 몸을 흔들 수 있는 특성이 있어요. 세계 어디에나 이런 대중음악은 있고, 그중에서 시대와 지역에 따라 차이를 보이는 음악에 이름을 붙였어요. 블루스, 댄스, 디스코, 록, 힙합, 레게 등 여러 종류가 있는데 K-POP은 한국의 대중음악을 의미해요.

K-POP이라는 말은 1990년대 말쯤 어떤 미국 기자가 처음 썼다고 해요. 그전까지 해외에서 한국의 대중음악은 'Korean pop music' 혹은 'Korean popular music'으로 불렸는데, 'K-pop'으로 줄여서 표현한 거죠. POP은 영미권 대중음악을 의미하므로 그와 구분하기 위해서 사용했던 것 같아요.

그러다가 2000년대 한국 아이돌 그룹이 나와 세계로 빠르게 확산하자 K-POP이라는 용어가 아시아를 중심으로 사용되기 시작했고, 2010년대를 지나며 한국 아이돌 그룹의 영향력이 세계적으로 퍼지게 되었어요. 그래서 예전에는 K-POP을 한국 대중가요라는 의미로 사용했는데, 지금은 아이돌 중심의 한국 대중가요라는 하나의 장르로 쓰이고 있어요.

K-POP은 어떻게 탄생하게 되었나요?

K-POP은 '칼군무'로 불리는 아이돌의 화려한 안무와 퍼포먼스, 변화무쌍한 곡의 진행, 강력한 팬덤 등이 특징이에요. 팬덤 문화를 K-POP의 시작으로 본다면, 1992년 데뷔한 서태지와 아이들을 꼽아요. 이들은 이전까지 한국에서 볼 수 없었던 힙합, 록, 댄스, 랩 등 새로운 장르를 도입하고, 음악에 사회적 문제를 다루었어요. 청소년 문제, 교육 제도, 사회적 억압 등을 주제로 한 곡들에 많은 청소년이 공감한 결과 강력한 팬덤이 만들어졌죠. 팬들이 팬클럽을 만들어 팬미팅을 주최하고, 공개방송에 적극 참여하고, 때로는 방송국에 집단적으로 의견을 전달하기도 했어요. 지금은 익숙한 것이지만 당시엔 매우 낯선 풍경이었어요. 이전에는 가수들이 방송국이나 제작사가 원하는 방향으로 활동하는 게 대부분이었거든요. 서태지와 아이들은 팬들의 의견을 존중하고, 팬들의 사랑을 돌려주기 위해 노력하는 등 팬들과 직접 소통하는 것을 매우 중요하게 여겼어요. 이렇게 팬들은 가수를 보호하고 옹호하고, 또 가수는 팬들을 존중하는 모습이 현재의 팬덤 문화의 시작이었던 거죠.

아이돌 중심의 K-POP은 H.O.T라는 팀을 그 시작으로 봐요. 한국 아이돌의 특징은 엔터테인먼트 회사에서 철저하게 기획하고 관리하는 거예요. 팀을 구성하는 단계에서 연습생을 선발해 여러 가지를 가르치는 것은 물론, 팀의 활동 방향에 맞게 작곡가와 안무가 등과 협의해 음원과 퍼포먼스를 만들죠. 이때 프로듀서의 역할이 매우 중요해요. 아이돌 중심의 K-POP 음악을 제일 처음 제작한 기획사는 SM엔터테인먼트고, 회사의 창립자인 이수만 프로듀서에 의해 H.O.T가 세상에 나왔어요. K-POP 역사에서 이수만 프로듀서의 역할은 매우 커요. 아이돌의 시조 격인 H.O.T, 그다음에 나온 여자 아이돌 SES 모두 이수만 프로듀서가 제작한 팀이거든요. 이와 비슷한 시기에 핑클과 젝스키스 같은 1세대 아이돌도 같이 나왔죠.

이후 2000년대 초반부터 JYP, SM, YG 같은 기획사들이 본격적으로 아이돌 그룹을 만들기 시작했어요. 당시에 데뷔한 원더걸스나 투애니원 같은 팀들은 한국과 동아시에서 인기가 많았고, 보아나 동방신기도 일본과 아시아 쪽에서 큰 인기를 누렸죠. 국내 시장을 넘어서 일본이나 아시아로 진출하면서 세계로 뻗어나가기 시작했고, 회사들도 함께 커졌어요.

지금 같은 K-POP 전성기를 이끈 아이돌은 BTS예요. 이전에도 K-POP은 아시아에서 큰 인기를 누렸는데, POP의 본고장이라는 영미권 진출은 쉽지 않았어요. 사실 팝 음악이라면 영어 가사를 사용하는 게 기본이었어요. 팝 음악의 성공을 가늠할 수 있는 게 빌보드 차트인데 영어 가사 노래가 아니면 차트에 오르는 게 어려웠어요. 그런데 BTS의 노래가 빌보드 차트에서 1위를 차지했어요. 전 세계 사람들이 우리말 가사를 따라 부르는 시대가 온 거예요. K-POP이 언어와 정서가 다른 문화를 가진 사람들의 관심을 끌었던 것은 시대적 영향도 있어요. SNS나 유튜브의 영향이 커지면서 국경에 상관 없이 뮤직비디오를 보고 노래를 듣는 시대가 온 거예요. 특히 코로나 19 시기가 겹치면서 힘들고 어려운 시기를 넘기기 위해 사람들이 K-POP을 따라 부르고 춤도 추고, 또 플래시몹도 하면서 K-POP이 언어의 장벽을 넘고 큰 인기를 얻었어요. 그 결과 빌보드 차트를 휩쓸게 되었죠.

물론 이전에도 미국에 진출하려는 대형 기획사의 시도가 있었어요. 그런데 워낙 어려운 환경이니까 직접 가서 밑바닥부터 활동하면서 어느 정도의 성과는 냈지만, 아쉽게도 지금과 같은 결과는 내지 못했어요. 보아나 원더걸스 등 수많은 아이돌 그룹의 도전이 쌓여서 BTS의 성공이라는 결과가 나왔을 것으로 보여요. BTS의 성공은 물론 그들의 재능과 노력이 큰 이유지만, K-POP 아티스트와 제작자, 그리고 수많은 사람이 30년 가까이 노력했기 때문에 가능했다고 생각해요.

BTS 웸블리 공연장

세계인을 사로잡은
K-POP의 매력은 뭘까요?

가장 큰 원인은 우리나라 뮤직비디오의 수준이 높다는 거예요. 음악과 뮤직비디오는 유튜브나 SNS 같은 플랫폼에서 즐기기 좋은 콘텐츠 중하나인데, 어떤 제약 없이 누구나 좋은 음악을 찾아서 듣고 즐길 수 있는 환경이 만들어졌어요. 그리고 코로나 팬데믹 시대에 그런 콘텐츠의 성장에 힘입어 우리나라 뮤직비디오의 우수성이 알려진 거죠. 미국의 팝 가수와 비교해도 수준이 떨어지지 않는다는 걸 외국인들이 알고 즐기다 보니 세계적으로 인기를 끌게 된 것 같아요.

우리나라 뮤직비디오의 수준이 높아진 것은 국내 시장의 규모가 작다는 이유도 있어요. 인구가 적은 나라다 보니 국내에서만 활동해서는 큰 수익을 낼 수가 없어요. 미국이나 일본은 그 나라 안에서만 벌어들이는 수익이 매우 커요. 그래서 엔터테인먼트 회사들이 다른 나라로 진출해 보겠다는 의지가 별로 없어요. 그런데 우리나라는 한계가 있으니까 일찍이 다른 나라 시장으로 눈을 돌렸고, 그 사람들의 마음을 사로잡기 위해 한국인 특유의 노력으로 음악과 퍼포먼스의 수준을 높였던 거죠.

  팝의 원조는 미국이니까 K-POP도 그 영향을 받은 것은 사실이에요. 하지만 우리가 미국이나 해외 대중에게 맞추려고 했다기보다는 우리 나름대로 하나하나 쌓아왔던 것들이 어느 순간 강력한 힘으로 세계로 뻗어나갔다고 생각해요. 그게 세계의 대중을 사로잡은 K-POP의 매력이 아닐까요.

K-POP이 한글도 세계에 전파하는 건가요?

한글 가사를 이해하기 위해 한글을 배우고 따라 하는 사람들이 세계적으로 많아지고 있다는 건 모두 알고 있을 거예요. 제가 어렸을 때 마이클 잭슨의 노래가 좋아서 더 잘 이해하고 따라 부르기 위해 영어 공부를 하곤 했는데, 지금은 외국인이 저와 같은 경험을 하고 있다니 참 놀라운 일이에요. 얼마 전 언어학습 앱에서 조사한 바에 따르면, 2022년 기준 전 세계에서 가장 많이 학습한 언어 중 5위가 한국어라고 해요. 영어, 스페인어, 프랑스어, 독일어 다음이 한국어였어요. 나라의 크기나 인구수를 보아 놀라운 일이 아닐 수 없죠.

BTS의 첫 영어 싱글 <다이너마이트>는 한국 가수 최초로 빌보드 싱글 차트에서 1위를 달성했어요. 그런데 재미있는 사실은 그 노래로 BTS 해외 팬들의 반응이 엇갈렸다고 해요. 오래된 팬들은 한국어로 된 가사를 일일이 찾아보고, 해석하는 과정도 좋아했던 거죠. 또 모두 영어로 된 가사가 영어권 팬들에게는 오히려 매력이 떨어졌던 것 같아요. BTS의 노랫말들은 특유의 주체성과 감수성이 미국 음악과 다른 매력이 있었는데, 그런 것들이 조금은 떨어지게 느껴졌던 거죠. 물론 영어가 일상인 사람들에게 다른 나라의 언어가 주는 거부감을 떨쳐냈기 때문에 오랫동안 빌보드 차트에서 1위를 할 수 있었지만, 한글 가사로도 충분히 K-POP의 매력이 전달된다는 것을 알게 된 것 같아요.

좋은 K-POP은 어떤 노래일까요?

아이돌 음악을 포함한 모든 가요는 대중이 공감할 수 있으면 좋은 노래가 된다고 생각해요. 댄스 음악을 들으면 즐겁고 신나고 행복하고, 발라드나 잔잔한 노래를 들으면 위로를 받죠. 이러한 공감은 작곡가나 작사가, 프로듀서의 진정성 있는 창작 과정에서 나온다고 생각해요. 작곡가로서 얘기하자면, 저의 경험이나 생각을 통해 느낀 점들을 솔직하게 표현했을 때 대중이 더 크게 공감하는 것 같아요. 그리고 그 과정에는 아티스트들과의 긴밀한 소통이 필요해요. 한발 더 나아가 아티스트들의 생각과 아이디어를 작품 속에 녹인다면, 더 진정성 있는 작품이 나오겠죠. 실제로 요즘 여러 아티스트는 창작 과정에서 자기 생각과 아이디어를 많이 넣고, 아예 프로듀싱을 스스로 하는 팀들도 늘어나고 있어요. 이렇게 많은 프로듀서가 아티스트와의 협업을 통해 진정성 있는 작품을 만들면 좋은 노래가 탄생하는 거죠.

CHAPTER. 03

K-POP 작곡가의 세계

'음악은 공감이다!'라는 말이 있어요. 음악으로 사람들의 마음에 공감을 일으키기 위해 K-POP 작곡가는 어떤 점을 중요하게 생각할까요? 또 음악 장르에 따라 작곡하는 방식은 어떻게 다르고, 하나의 음원이 나오기까지 어떤 노력을 하는지 알아보아요.

명확한 메시지로
음악적 공감을 끌어내야 해요

　작곡할 때 메시지를 명확하게 하는 게 중요하다고 생각해요. K-POP 작곡가는 상업 작곡가니까 회사에서 요구하는 것에 맞게 앨범의 콘셉트나 아티스트의 색깔에 맞춰서 곡을 만드는 것이 가장 중요해요. 그 안에 대중이 공감할 수 있는 메시지를 넣는 것도 중요하고요. 싱어송라이터나 인디 뮤지션은 남에게 곡을 파는 것이 아니라 자신이 부르고 싶은 곡을 만들기 때문에 메시지 부분이 더 중요한 것 같아요. 곡에 담고 싶은 생각과 의미를 표현하면서도 대중의 공감을 끌어낼 수 있도록 만들어야겠죠.

　음악적 공감은 작곡가의 솔직함에서 나오는 것 같아요. 자기 경험이나 원하는 것, 또는 공감할 수 있는 내용을 솔직하게 곡으로 만들었을 때 많은 사람이 좋아하더라고요. 작곡가나 작사가는 그런 특별한 순간들, 즉 다른 사람과 공유하고 싶은 어떤 찰나에 나 자신의 특별한 감정을 순간적으로 잘 표현할 수 있어야 해요. 또 사람이 경험할 수 있는 것은 한계가 있으니까 책이나 영화를 볼 때, 혹은 일상생활에서 순간 순간 떠오르는 것을 잘 가지고 있어야 해요. 그런 순간들을 잘 풀어서 메시지가 명확한 곡을 만들면 좋은 곡이 나올 가능성이 높아지는 것 같아요.

그리고 잊지 말아야 할 것은 세심한 마무리 작업이에요. 가사도 중요하고, 곡에 맞게 편곡하는 것, 어울리는 소스나 사운드를 만드는 것도 다 중요해요. 노래에서 가사나 멜로디 같은 직접적인 표현 방식도 중요하지만, 사운드와 같은 질감도 감정이나 느낌을 표현하는 데 매우 중요한 요소이기 때문이에요.

Evnne 「Festa」 가사지

드라마 〈꼭두의 계절 OST〉 홍이삭
「휘」 코드 악보

31

발라드곡은 피아노로 작곡해요

　발라드곡을 만들 때는 중심이 되는 악기를 하나 정해놓고 사용하는 게 좋아요. 보통 피아노나 기타를 많이 사용하는데, 저는 피아노로 코드 Chord를 먼저 만들어요. 처음에 멜로디를 만드는 게 아니라 그 멜로디의 바탕이 되는 일종의 화성(코드)을 만들고 그에 어울리는 화성을 이어가는 식이에요. 그렇게 어울리는 화성을 만들어 놓고 그 안에서 멜로디를 만들죠. 같은 멜로디여도 어떤 코드냐에 따라서 장조는 밝은 느낌, 단조는 슬픈 느낌이 나듯이 음악이 다르게 느껴지거든요.

　멜로디를 만든 후에는 가사를 써요. 만약 가사가 먼저 나왔다면 가사에 맞게 멜로디를 만들기도 하고요. 이렇게 전체 곡이 나오면 그다음에 편곡이 필요해요. 편곡할 때는 악기 하나만 사용할 때도 있지만, 많은 경우 기타, 베이스, 드럼이 들어가고, 때로는 거기에 바이올린, 첼로, 브라스 같은 관현악 악기들이 들어가기도 해요. 이런 방식이 발라드나 어쿠스틱 음악에서 많이 쓰이는 작곡과 편곡 방식이에요.

댄스곡은 반주를 먼저 만들어요

　요즘 K-POP의 중심이 되는 댄스 음악은 대부분 반주를 먼저 만들어요. 반주는 흔히 트랙이라고 하는데요. <쇼미더머니> 같은 힙합 프로그램에서 "비트 주세요." 이런 말을 많이 하잖아요. 거기서 말하는 '비트'가 일종의 간단한 트랙이라고 할 수 있어요. 힙합에서의 비트는 댄스 음악에서의 트랙보다는 조금 단순한 형태이고, 드럼과 같은 리듬이 주가 되는 작업물이라고 할 수 있죠. 이러한 비트 위에 드럼이나 전자 악기들, 신시사이저나 전자 베이스, 전자 기타 같은 다양한 악기들이 추가되고, 송폼song form 곡의 전체적인 구조도 복잡해지면서 트랙이 완성되는 거예요. 아이돌 스타일의 댄스 음악은 다른 장르에 비해서 퍼포먼스가 중요하기 때문에 멜로디보다는 비트나 사운드가 중심이 될 때가 많아요. 이렇게 트랙을 만드는 사람을 트래커라고 불러요.

　트래커가 트랙을 만들면 노래를 부를 수 있도록 탑 라인을 만드는데요. 예전에 발라드 장르에서 멜로디라고 부르던 보컬 파트를 요즘 아이돌 스타일의 댄스 음악에서는 탑 라인이라고 불러요. 탑 라인은 주로 탑 라이너라고 하는 전문 보컬들이 트랙을 듣고 만들어요. 댄스 음악은 트래커와 탑 라이너가 철저하게 분업하는 방식으로 제작되고 있어요. 반면에 발라드 음악은 트래커와 탑 라이너가 뚜렷하게 나누어져 있지 않다는 게 다르죠.

K-POP 작곡의 방식은 이렇게 크게 두 가지로 볼 수 있고, 다른 장르는 때에 따라서 적당한 방식을 선택하고 있어요. 저도 처음에는 이런 작업 방식이 낯설어서 적응하기 힘들었어요. 예전에는 멜로디를 만들고 편곡을 한 후 가이드 녹음을 해서 가수에게 들려줬다면, 이제는 트랙을 만들어서 탑 라이너에게 보내면 보컬 부분이 만들어지고, 데모가 완성되는 방식으로 크게 변했어요.

2017년 핀란드 송캠프 트랙 메이킹

데모를 잘 만드는 게 이 일의 핵심!

작곡가들이 하는 말로, 모든 것은 데모^{Demo}에서 시작한다는 말이 있어요. 데모는 완성된 음원과 달리 곡을 간단하게 녹음한 것으로 전체적인 곡의 분위기나 방향성을 미리 느껴볼 수 있도록 만드는 것이었어요. 그런데 요즘엔 연주자와 보컬이 듣고 참고해서 바로 연주하고 노래를 부를 수 있을 정도로 거의 완성된 형태로 만들어요. 데모의 질에 따라 노래가 팔릴지 안 팔릴지가 결정된다고 할 정도예요. 그래서 데모를 잘 만드는 게 대중음악 프로듀싱 과정에서 가장 중요해요.

데모를 만드는 첫 단계는 곡 의뢰를 받는 거예요. 보통은 아티스트와 기획사가 곡의 콘셉트와 방향을 결정해서 작곡가에게 의뢰해요. 아이돌 팀 색깔이나 회사와 협의한 내용들로 업계에서는 이것을 '리드'라고 해요. 그러면 작곡가는 리드를 분석해서 트랙을 만들어요. 트랙이 완성되면 탑 라인을 만들고, 트랙 사운드를 밸런스 있게 조율해서 가장 듣기 좋은 상태의 사운드로 만드는 믹싱 단계를 거쳐, 믹싱에서 부족한 부분들을 보충하는 마스터링을 하죠. 이 모든 과정을 끝내면 최종적으로 기획사에 보낼 데모가 만들어져요.

데모를 듣고 아티스트와 회사가 같이 협의해서 곡을 선택해요. 데모를 만들어 보냈는데 곡이 선택되지 않을 때도 있어요. 국내 작곡가들뿐만 아니라 외국 유명 작곡가들의 데모곡도 많고, 국내외 작곡가가 협업하는 예도 많아서 경쟁이 치열하기 때문이에요.

곡의 음원을 만들 때까지
최선을 다해요

곡이 팔리면 음원을 만드는 일이 남았어요. 우선 가사를 완성하고 편곡도 세세하게 수정해서 완성하면 가수들과 만나 보컬 녹음을 해요. 이 과정에서 작곡가가 녹음실에서 직접 디렉팅하기도 하고, 때로는 전문 보컬 디렉터가 오기도 하는데, 어느 경우든 작곡가는 대부분 현장에 참여해서 아이디어를 나누죠. 보컬 녹음은 매우 섬세하고 어려운 과정이라 7~8시간 이상 걸리는 작업이에요. 하루에 완성하지 못하고 며칠간 수정 녹음을 하는 때도 많아요. 보컬 녹음의 결과에 따라 곡의 최종 퀄리티가 결정되기 때문에 최상의 결과를 내기 위해 최선을 다하는 거예요.

보컬 녹음이 끝나면 믹싱과 마스터링 등 후반 작업을 해요. 이 과정은 믹싱 엔지니어나 마스터링 엔지니어 전문가가 맡아서 해요. 하지만 이 과정 역시 수많은 변수가 생기는 만만치 않은 작업이라 여러 번 수정하는 예민한 과정이에요. 여기까지 하면 일반적으로 작곡가의 일은 끝이 나요.

CHAPTER. 04

K-POP 작곡가가 되려면

K-POP 작곡가가 되려면 음악을 좋아하는 것은 기본이에요. 거기에 음악가의 기질이 있어야 하고, 작곡가가 되기 위한 공부도 필요해요. K-POP 작곡가는 구체적으로 어떤 공부를 하는 게 좋을지, 어느 분야로 진학하면 좋을지 알아보아요.

크리에이터 기질이 있어야 해요

저는 어렸을 때 피아노 학원에 다니면서 코드를 배웠어요. 대부분은 악보를 보고 그대로 치는 클래식 피아노를 배우는데, 코드를 배우면 가요나 팝을 부를 때 반주를 할 수 있어요. 코드를 배웠더니 대중가요의 작곡을 자연스럽게 접하게 됐어요. 그때가 초등학교 5~6학년 때로 처음으로 작곡을 했어요. 중고등학교 때는 테이프에 녹음해서 앨범을 만들어 친구들이나 옆 여학교의 학생들에게 팔기도 했고요. 작곡가가 되려면 이런 크리에이터의 기질이 있어야 할 것 같아요.

제가 동경했던 신해철, 유희열, 김동률 같은 뮤지션들도 비슷했다고 들었어요. 얼마 전에 김현철 선배님과 대화를 나눴는데, 본인도 어렸을 때 아무도 안 시켰는데도 노래를 만들어서 사람들에게 들려줬다고 하더라고요. 뭔가를 만들어서 다른 사람들과 공유하길 좋아하는 사람들이 이 직업에 맞을 것 같아요. 자신의 메시지를 창작물로 만들어서 다른 사람들과 소통하고 싶은 사람들이요.

이 직업에 맞지 않는 사람들도 있어요. 안정적인 것을 추구하고, 안정되지 못한 것들에 두려움을 가진 사람들은 어려울 것 같아요. 저도 아버지가 선생님이셔서 안정적인 부분을 중요시하셨어요. 제가 이 일을 좋아하니까 그런 불안을 많이 이겨냈지만, 불안정함에서 오는 힘든 부분은 늘 있어요.

포이트리 「이제 와 이런 얘기」 녹음 현장

악기는 기본, 나아가 컴퓨터 음악도 배우는 게 좋아요

대부분의 작곡가는 작곡할 때 기본 악기로 피아노와 기타를 많이 사용해요. 그러니까 이 두 악기는 배워두면 좋을 것 같아요. 피아노랑 기타만 배워도 작곡은 할 수 있거든요. 물론 드럼을 치는 분 중에도 작곡을 하는 분들이 있지만, 멜로디를 만드는 게 작곡의 기본이기 때문에 리듬악기보다는 화성을 같이 공부할 수 있는 악기를 배우는 게 도움이 될 거예요.

그런데 요즘은 화성학은 몰라도 컴퓨터를 잘 사용하면 곡을 만들 수 있어요. 비트가 기본이 되는 힙합 음악은 화성 악기들보다는 샘플을 사용해 작업을 하는 경우가 많아요. 샘플을 쉽게 설명하자면, 드럼이나 각종 악기의 음이나 코드 등을 짧은 형태로 만들어 놓은 거예요. 이런 샘플은 온라인 사이트에서 구독할 수 있는데요. 스플라이스^{Splice}라는 사이트가 대표적인 샘플 사이트예요. 요즘은 샘플만 잘 이용해도 음악을 만들 수 있는 시대고, 샘플 사용은 핵심적인 작곡의 방식이기도 해요.

요즘 작곡은 거의 컴퓨터로 이뤄져요. 작곡은 피아노나 다른 악기만 있어도 할 수 있지만, 곡의 틀을 만들고 편곡할 땐 결국 컴퓨터를 사용해야 하거든요. 컴퓨터로 작곡이나 편곡을 할 때는 미디^{MIDI}를 사용하는데요. 미디는 'Musical Instrument Digital Interface'의 약자로, 악기와 컴퓨터 간의 신호를 주고받는 기술을 의미해요. 미디 자체는 음향을 전달하는 것이 아니라, 어떤 음을 언제 어떻게 연주할지에 대한 정보를 전달해요. 이를 통해 가상 악기나 사운드 모듈을 제어해 음악을 제작할 수 있죠. 미디를 사용하면 실제 악기를 연주하지 않아도 다양한 악기의 소리를 들을 수 있어서 작곡할 때 편리하고, 편집을 쉽게 할 수 있어요. 그래서 요즘은 이런 과정으로 제작한 음악을 미디 음악이라고 해요.

821 Sound 마스터링 룸

음악에 관심을 가지고 연구해요

저는 제가 좋아하는 음악이 있으면 크레디트를 찾아봤어요. 앨범에 보면 작곡가는 누군지, 연주는 누가 했는지 다 나와 있거든요. 그리고 음악 관련 잡지들도 많이 봤어요. 외국의 유명 밴드가 어떤 새로운 녹음 기술을 사용했고, 어떤 유명한 세션이 연주했는지, 이런 내용들을 보면서 세션은 누가 있고, 프로듀서가 뭐 하는 사람인지 알게 되었던 것 같아요.

요즘 학생들은 대부분 K-POP을 좋아할 텐데요. 유튜브나 인터넷에서 K-POP에 관한 정보를 많이 찾을 수 있을 거예요. 유튜브에 뉴진스의 음악을 작곡한 250 작곡가를 검색하면 <뽕을 찾아서>라는 다큐멘터리가 있어요. 우리나라의 트로트에 대한 내용인데요. 그것을 보면 이 작곡가가 그냥 뉴진스의 노래를 만든 게 아니라, 다양한 음악에 관한 관심과 깊은 고민이 어우러져 자신만의 개성이 발현되었다는 것을 알 수 있어요.

나아가 팝의 전성기였던 1970~80년대 음악들, 마이클 잭슨이나 비틀스 같은 뮤지션들의 음악도 들어보고 뮤직비디오도 찾아보세요. 박찬욱이나 봉준호 감독들도 히치콕 감독의 작품을 보면서 꿈을 키웠다고 하잖아요. 음악도 마찬가지예요. 이런 자료들이 지금은 다 유튜브에 있기 때문에 본인이 관심을 기울이는 만큼 더 많이, 더 깊이 찾아볼 수 있을 거예요.

실용음악과에 진학하는 것도 한 방법이에요

꼭 음악을 전공하지 않아도 작곡가는 될 수 있어요. 박근태 작곡가, 김도훈 작곡가, 신사동 호랭이, 용감한 형제 같은 작곡가 중에 실용음악과를 나온 사람은 없어요. 다들 음악을 좋아하고 대학에서 밴드 활동을 하면서 작곡했다고 들었어요. 저도 마찬가지로 음악을 전공하지 않고 작곡가가 되었고요.

그런데 요즘은 대학에서 실용음악을 전공한 사람들이 많아요. 대학에 실용음악과가 생긴 건 비교적 최근이에요. K-POP이 세계로 뻗어나가면서 학생들에게 인기 있는 학과가 되었다고 해요. 대학에서 전공을 하면 기본적인 화성이나 악기 등 대중음악에 관한 여러 가지를 배울 수 있고, 또 같은 일을 하는 사람들을 만나면서 인맥도 쌓을 수 있어요. 음악 작업은 여러 명이 함께 하니까 먼저 시작한 한 명이 다른 사람들을 끌어주기도 해요.

2017년 LA 송캠프 단체 사진

K-POP 작곡가가 되는 방법은
여러 가지예요

곡을 만들었다면 누군가에게 들려주는 것이 시작인 것 같아요. 예전에는 곡을 들려줄 방법이 많지 않았는데, 요즘엔 여러 가지 방법이 있어요. 먼저 사운드 클라우드나 유튜브 채널을 만들어서 올리는 방법이 있어요. 저는 좋은 방법이라고 생각해요. 그렇게 노출하면 그것을 찾아내고 발굴하는 사람들이 분명히 있거든요.

작곡가들이 유튜브 채널이나 커뮤니티에서 후배 작곡가를 공식적으로 모집하기도 해요. 그런 데 참여하다 보면 기회가 생기고, 실력 있는 선배 작곡가들에게 피드백을 받으며 본인의 실력을 늘려갈 수 있어요. 또 기획사에 데모를 보내 오디션을 보기도 해요. 오디션을 통해 기획사에 들어가는 게 요즘엔 가장 좋은 방법인 것 같아요. 기획사에 소속되면 곡을 만드는 것 말고도 콘서트용 편곡이나 음악과 관련한 다른 일들도 많이 해서 수입도 꽤 얻을 수 있어요.

특히 대형 기획사는 요즘 K-POP 아이돌 음악을 주로 하고 있으므로 아이돌 음악을 만드는 작곡가가 일하기에는 너무나 좋은 환경이죠. 그런 방법 외에도 곡들을 수집해서 기획사에 보내고 중간에 수수료를 받는 퍼블리싱 회사들이 있는데, 그곳에 데모를 보내는 방법도 있어요.

작곡가가 되는 방법은 여러 가지가 있어요. 그런데 가장 중요한 건 데모를 잘 만들어야 하고, 그것을 여러 곳에 들려주면서 교류해야 해요. 그러면서 피드백도 받고, 자신이 어떤 수준인지 정확히 알 수 있어요. 그러다가 선배 작곡가들과 연결되면서 여러 가지 기회도 생기고요.

CHAPTER. 05

K-POP 작곡가의 매력

작곡가를 비롯한 예술가들은 자신이 좋아하는 일을 직업으로 삼았다는 공통점이 있어요. 수많은 예술 중에서도 특별히 작곡가로서 느끼는 이 일의 매력과 보람은 무엇일까요? 20년 가까이 작곡가로 일하고 있는 서정진 선배에게 이 직업의 매력을 들어보아요.

내가 좋아하는 일을 하는 게 최고의 매력

    음악뿐만 아니라 예술 계통의 일을 하는 사람들은 내가 좋아하는 일을 하고 있다는 것을 최고의 매력으로 꼽을 거예요. 음악은 사람들의 삶에 늘 가까이 있고, 대부분의 사람들은 음악을 좋아해요. 그런 일을 직업으로 삼아서 살아갈 수 있고, 노력한 만큼 돈도 벌 수 있으니, 이보다 더 좋은 일이 있을까요?

    작곡을 처음 시작할 때는 언제까지 이 일을 할 수 있을까 불안하기도 했어요. 저는 음악을 전공한 사람도 아니고 좋아하는 마음 하나로 시작했거든요. 지금 20년 정도 해오고 있지만 좋아하는 일을 하면서 다른 사람을 위로하기도 하고, 메시지를 전달할 수도 있고, 또 거기에 따른 반응도 바로 알 수 있어서 참 좋아요.

    시간이 지나서 제 음악에 제가 위로받을 때도 있어요. 사실 작업하면서 수백 번, 수천 번을 들으니까 막상 곡이 나오는 시기에는 잘 안 듣게 되거든요. 시간이 조금 지나서 다시 들어보면 곡을 쓸 때 제 감정의 한 조각을 곡으로 승화시킨 부분이 제 마음을 다시 두드려요. '이 곡을 만들 때 나는 이랬구나!'하는 생각이 들면서 스스로 위로를 받는 거죠.

대중에게 사랑받을 때의 뿌듯함

제가 작곡한 곡 중에 겨울 시즌 송으로 2012년 젤리피쉬 엔터테인먼트에서 만든 「크리스마스니까」라는 노래가 있어요. 성시경, 박효신, 이석훈, 서인국, VIXX(빅스)가 같이 부른 노래죠. 흔히 말하는 겨울 연금처럼 매해 크리스마스가 되면 아직도 사랑받고 있는 곡이에요. 그리고 아이유의 「있잖아」라는 노래는 당시에 서브 타이틀곡이었지만, 「좋은 날」 이전 곡이라 대중적으로 크게 사랑받진 못했는데요. 최근에 보니까 콘서트 때 관객들 가까이 가서 이벤트를 하면서 이 곡을 많이 부르더라고요. 시간이 꽤 지났는데도 가수나 팬들이 모두 좋아해 주니까 보람이 있죠.

그리고 편곡한 곡 중에 <응답하라 1994>에서 성시경이 불렀던 「너에게」라는 곡이 있어요. 서태지와 아이들의 곡 중에 최초로 리메이크 된 곡인데요. 그래서 더 의미 있는 작업이었죠. 원곡도 아주 좋지만, 편곡이 잘 된 것 같아요. 곡 발표 후 선배나 동료 작곡가들에게 칭찬을 많이 받았던 기억이 나네요. 처음에 저희 프로필을 원작자인 서태지 선배님께

보내서 확인을 거친 후 편곡에 들어갔어요. 결과도 잘 나오고 사람들에게 사랑도 많이 받아서 너무 보람 있는 작업이었어요.

2023년 12월 멜론 실시간 차트

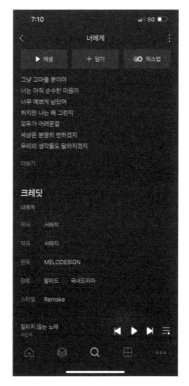

〈응답하라 1994〉 OST 「너에게」 크레디트

자신이 하고 싶을 때까지
할 수 있는 일이에요

　　저작권협회에서 총회를 할 때 가보면, 연세가 많은 선배 작곡가도 많이 오세요. 유재석의 부케인 유산슬이 부른 「합정역 5번 출구」를 작곡한 분도 오랫동안 이 일을 해온 선배님이세요. 방송을 통해서 나온 곡이라 굉장히 히트했었죠. 나이가 들면서 유행에 맞는 곡을 만들기 어려울 수도 있고, 자신의 곡을 찾는 사람이 점점 없어질 수도 있어요. 하지만 자신이 하고 싶을 때까지 할 수 있는 일이라고 생각해요. 그리고 사후 70년까지 저작권료가 나오고 상속도 가능해요. 꾸준히 사랑받는 히트곡이 있으면 이 일을 더 오래 할 수 있겠죠. 방송에서 보니까 송창식 선생님은 아직도 한 달에 천만 원씩 저작권료가 나온다고 하더라고요.

08

Li-La
(리라)

Composed by MELODESIGN
Lyrics by 박효신 & 김지향
Arranged by Andy Platts

Guitar Andy Platts

Bass Andy Platts

Piano Andy Platts

Drums Andy Platts

Percussions Andy Platts

Rhodes Andy Platts

Flute Tara Roman

Programming Andy Platts

Backing Vocals Andy Platts

Mixed by Andy Platts

Mastered by Tom Coyne

그저 보는 거 말고 아름다운 걸 보려고
그저 듣는 거 말고 소중한 걸 들으려고 쉬운 길을 두고도 돌아왔네
매일을 버릇처럼 숨만 쉬며 사는 거 말고
한 순간 불꽃처럼 사라질 신기루 말고
마지막 그날에 후회 없도록 내가 택한 길

박효신 「Li-La」 크레디트

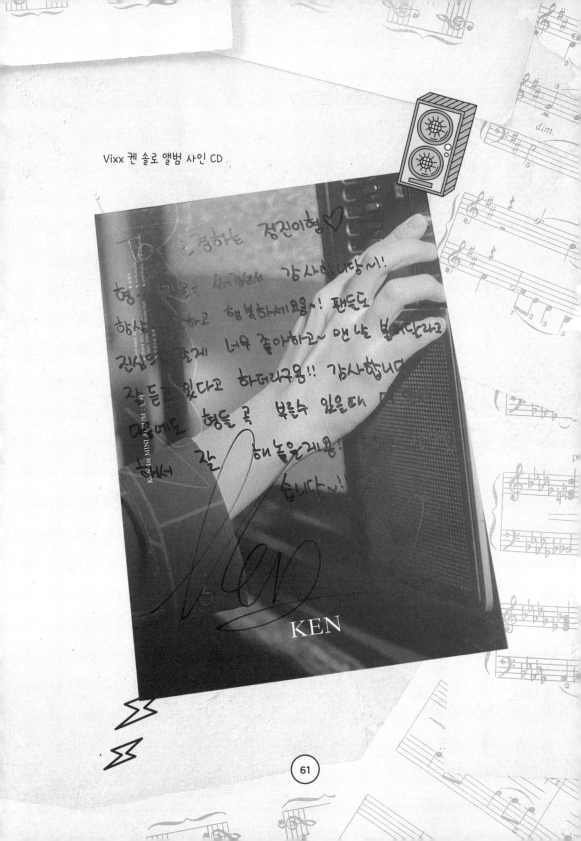

Vixx 켄 솔로 앨범 사인 CD

CHAPTER. 06

K-POP 작곡가의

마음가짐

무슨 일이든 힘들고 어려운 일이 있어요. K-POP 작곡가에게는 어떤 어려움이 있고, 그것을 슬기롭게 극복하는 방법은 무엇일까요? 현직 작곡가의 솔직한 이야기를 들어보아요.

스스로를 믿고 앞으로 나아가야 해요

세상에는 새롭고 뛰어난 작곡가들이 너무 많아요. 그들과 다른 저만의 신선함이나 차별성을 가지기 위해 노력해야 하는 부분은 늘 힘들죠. 동료 작곡가의 뛰어난 노래를 듣고 저의 부족한 점이 크게 느껴지면 고민이 많아져요. 뭔가를 만들어내는 창작자는 다 비슷하게 느낄 것 같은데요. 그때는 자신만의 장점과 자신만의 음악적 개성을 더 믿고 작업을 해나가야 하는 것 같아요.

이 일이 힘들다고 생각한 적은 많지만, 그만두고 싶었던 적은 없었어요. 제가 만든 노래가 선택받지 못하거나 나오더라도 반응이 좋지 않으면 실망감이 커요. 처음엔 좀 서툴러도 느낌이 있으면 괜찮다고 생각했는데, 이제는 단순히 느낌만으로는 부족하다는 것을 알았어요. 그래서 곡의 완성도를 높이기 위해 끝까지 노력해야 하죠. 크리에이터는 자기 생각과 느낌을 작품으로 소통해요. 그 소통을 잘하려면 아주 작은 것까지 신경 써서 완성도를 높이는 방법밖에 없어요.

곡을 열심히 만들었는데 반응이 생각보다 좋지 않을 때가 많아요. 제가 작사, 편곡까지 포함해서 저작권협회에 등록된 곡이 400곡 정도 되거든요. 그중에서 당시에는 히트했지만 금방 잊힌 곡도 있고, 제가 생각하기에는 너무 좋은 노래인데 대중의 사랑을 받지 못한 곡들도 많아요. 그런데 시간이 지나서 다시 들어보면 성적과 별개로 '이 곡은 이렇게 했으면 더 좋았을 텐데'하는 아쉬움을 발견할 때도 있어요. 시간이 쌓이고 조금씩 성장하면서 되돌아보니까 어떤 게 부족했는지 알게 된 거죠.

그리고 아무리 열심히 곡을 만들어도 팔리지 않는 곡도 있어요. 하지만 당시에는 선택되지 않았다가 시간이 지나 우연한 기회에 주인을 찾아 성공하는 곡도 있어요. 성시경의 「거리에서」도 그런 곡이죠. 그래서 다들 노래 주인은 따로 있다고, 그러니 곡이 안 팔릴 때도 일희일비하지 않는 것이 중요하다고 말해요.

직업에서 오는 습관과
질병도 있어요

　어디를 가더라도 음악이 나오면 거기에 집중하게 돼요. 또 새로운 아이디어나 신선한 것을 봤을 때는 꼭 메모해 놓는 습관이 있어요. 작곡가에 따라 밤이나 새벽에 작업하는 사람이 있고, 낮에 하는 사람도 있어요. 저도 지금은 낮에 작업을 하지만, 처음 10여 년은 낮과 밤을 바꿔서 살았어요. 그랬더니 건강엔 좋지 않더라고요.

　장시간 앉아서 작업하니까 목이나, 허리, 팔목도 좋진 않아요. 특히 이 일은 소리를 집중해서 들어야 해서 귀를 많이 써요. 헤드폰이나 이어폰을 많이 쓰면 난청이 오기도 해서 일할 때도 웬만하면 안 쓰려고 해요. 꼭 헤드폰을 쓰지 않더라도 사운드 점검을 위해 음악을 크게 들을 때가 워낙 많아서 늘 조심해야 해요. 청력이 나빠지지 않도록 굉장히 신경 쓰고 있어요.

Mixing Room의 모습

스트레스도 음악을 들으며 풀어요

음악으로 스트레스를 받는데, 아이러니하게도 저는 음악을 들으면서 스트레스를 풀어요. 대신 최신 팝보다는 제가 예전부터 좋아했던 오래된 곡들이나 클래식 음악을 주로 들어요. 스티비 원더나 비틀스, 데이비드 포스터 같은 외국 뮤지션과 국내에는 김현철, 유재하, 김동률 같은 뮤지션을 좋아해서 많이 들어요. 최근에는 테니스를 치거나 운동을 하는데, 그것도 스트레스 해소에 도움이 돼요.

그리고 책 보는 것을 좋아해요. 주로 소설을 보는데, 그중에서도 단편소설을 많이 보는 편이에요. 이상문학상과 같은 문학상 작품집들을 연도별로 거의 보고 있고, 작품 중에 특히 마음에 드는 작가의 작품들은 따로 찾아서 보기도 해요. 문학 작품을 보면 가사를 쓸 때 도움이 많이 되거든요.

CHAPTER. 07

K-POP 작곡가

서정진을 소개합니다

어린 시절 피아노를 배우면서 작곡을 시작한 소년이 있어요. 작사, 작곡, 편곡, 노래, 연주까지 하면서 뮤지션을 꿈꾸었던 소년이 눈앞에 닥친 여러 어려움을 이겨내고 마침내 K-POP 작곡가가 되었죠. 그에게 음악은 무엇이고, 이 일을 계속하게 만드는 원동력은 무엇인지 들어보아요.

작곡도, 공부도 열심히 했던
어린 시절

초등학교 3학년 때 피아노를 배우기 시작했어요. 피아노를 배우는 남자아이가 드물었던 시절이라 학원 선생님이 많이 예뻐하셨고, 콩쿠르에도 자주 내보내 주셔서 수상도 했어요. 그러다 코드를 배워서 가요를 카피하게 되고, 가요 스타일의 노래를 작곡하기 시작했어요. 그중에는 친구에 관한 노래도 있었고, 짝사랑에 관한 노래도 있었어요.

고등학교 때는 중창단 단장을 하면서 음악실 열쇠를 관리하게 됐는데, 그 덕분에 자유롭게 피아노를 칠 수 있었죠. 제가 작곡한 노래에 피아노를 연주하고, 친구가 노래하는 걸 녹음해서 테이프로 앨범을 만들어서 주변 여학교에 가서 팔기도 했어요. 지금으로 말하면 열 곡이 들어있는 정규 앨범이었는데, 3천 원씩 받고 70장 이상 팔았던 것 같아요.

아버님이 선생님이셔서 공부를 못하면 안 된다는 생각이 어렸을 때부터 있었어요. 또 학생으로서 공부를 열심히 하는 게 당연하다고 생각했고요. 음악에 관심을 두면서 학년이 올라갈수록 성적이 좀 떨어지긴 했는데, 다행히 고려대학교 철학과에 진학했죠. 제가 어렸을 때 동경했던 신해철 선배님이 철학과 출신이고, 김동률 선배님도 명문대 출신이어서 저도 명문대 출신의 뮤지션에 대한 동경이 있었던 것 같아요.

대학 시절은 꿈을 향한 도전의 시간이었어요

대학에 다니며 KMTV, Mnet에서 개최하는 대학생 뮤지션 콘테스트 같은 데 나가서 입상을 했어요. 같이 지원한 친구들은 거의 실용음악과 출신이었는데, 전공하는 친구들은 확실히 음악을 잘하더라고요. 대학가요제도 도전했는데 계속 떨어져서 군대에 가려다 유재하음악경연대회에 참가하게 됐어요. 지금은 좀 달라졌지만, 당시에는 유재하 선배님과 같은 아티스트형 싱어송라이터를 뽑는 가요제였어요. 작사, 작곡, 편곡, 노래, 연주까지 다 해야 지원할 수 있었죠. 유희열, 김연우, 방시혁, 조규찬 같은 가수들이 다 이 대회에서 수상했어요. 저는 2차에서 떨어졌는데 합격한 사람들을 보니까 이번에도 대부분 실용음악과 출신이더라고요. 그때 혼자서 하는 게 한계라는 것을 알았어요.

그래서 군대를 미루고 실용음악학원에 등록했어요. 학교처럼 커리큘럼을 갖추고 있는 재즈 아카데미라는 곳이었어요. 1년 정도 다니고 나서 그 해에 유재하음악경연대회에서 동상으로 입상했어요. 그러면서 음악을 조금은 더 해도 되겠다는 자신감을 얻었죠.

군대 가기 전까지 친구와 같이 오디션에 도전하기 위해 앨범도 만들었는데, 시간도 부족하고 아무것도 몰랐던 시절이라 결과물은 좋지 않았어요. 군대 다녀와서 음악을 잘하는 대학교 후배를 통해 작곡가 선배를 만나게 됐고, 그 밑에서 배우면서 본격적으로 작곡가의 길을 가게 되었어요.

사실 군에서 제대하고는 일반 회사에 취직하려는 생각도 있었어요. 부모님의 기대도 있었고, 대회에 나가 입상했다 하더라도 현실적으로 바로 데뷔할 수 있는 것도 아니어서 고민이 많았죠. 그래도 저의 꿈을 위해서 할 수 있는 데까지는 노력해 보고 싶었어요. 그때는 작곡으로 돈을 벌 수 있다는 것도 모르고, 어쨌든 한 달에 100만 원 정도만 벌어보자는 마음으로 시작했어요. 그렇게 하다 보니까 지금까지 오게 됐네요.

예술성과 대중성이 조화로운 음악을
만들려고 노력해요

    K-POP 작곡가는 곡을 쓸 때 상업적인 측면, 즉 대중적인 측면이 중요해요. 하지만 동시에 필요한 것이 예술성이라고 생각해요. 지나치게 대중성만 생각하거나 유행하는 음악을 따라가면 요즘같이 음악이 흔한 시대에는 금방 잊히기 쉬운 것 같아요. 늘 새로운 것을 좋아하는 대중들도 트렌디한 음악을 좋아하지만, 너무 흔해지면 금방 싫증을 내거든요. 그래서 팝 음악을 작곡하는 사람들은 장르의 특성, 예술성, 대중성까지 골고루 생각하면서 음악을 만들어야 하죠.

    해외 작곡가 중에 이미 수십 년째 전 세계적인 히트곡을 만들어 오고 있는 맥스 마틴과 같은 탑 프로듀서들은 예술성과 대중성, 그리고 트렌디함과 정통적인 것을 잘 녹여서 곡을 만드는 것 같아요. 그래서 저도 곡을 의뢰받으면 탑 프로듀서들이 만든 최신곡들을 들으면서 많이 참고하는 편이에요.

음악은 '마음의 기억 창고'인 것 같아요

　음악은 늘 기억과 같이 사람들에게 전해지는 것 같아요. 음악 그 자체로만 마음속에 남는 것이 아니라 그 노래를 들었을 때의 상황과 분위기, 추억 같은 것들이 함께 저장되죠. 그래서 그런지 제가 만든 노래에 "아, 이 노래만 들으면 학창 시절이 떠올라요", "이 노래를 들으면 그 시절 사귀던 사람이 생각나요", 이런 댓글들이 많더라고요. 그게 사랑 노래가 아니라 신나는 곡이어도 과거에 사랑하던 사람과 함께 들었던 노래라면서 그 사람과의 추억이 생각나서 슬퍼진다는 경우도 있고요.

　사람들이 과거의 시간을 사진이나 사건으로도 기억하지만, 그 당시의 마음은 음악과 함께 기억되고 저장될 수도 있거든요. 음악은 그 자체로 사람들에게 행복과 즐거움을 주지만, '마음의 기억 창고'의 역할도 하는 것 같아요. 사람마다 좋아하는 음악이 다 다른 것도 시대마다 개인마다 기억과 추억이 다르기 때문이겠죠.

앞으로도 오래 이 일을 하는 게 꿈이에요

영화 <라라랜드>에서 남자 주인공은 정통적인 재즈 연주를 하고 싶어 하지만, 돈 문제 때문에 레스토랑에서 배경 음악용 재즈 연주를 해요. 중간에 실력을 인정받아 유명해질 기회가 생겼지만, 퓨전 팝재즈 밴드였기 때문에 돈을 많이 버는 것을 포기하고 자신이 원하는 정통 재즈의 길을 선택해요. 이 영화의 주제는 현실과 꿈인 것 같아요. 그래서 음악에 종사하는 예술가들이 특히 공감하고 감동했었죠.

예술 분야의 일은 다른 일반적인 일과는 성격이 달라요. 돈을 버는 것과는 거리가 먼 직업이죠. 그래서 꿈을 꾸는 사람들은 많지만 현실적인 문제 때문에 힘들어하는 경우가 더 많아요. 그런 부분에서 저는 이미 어느 정도 꿈을 이룬 셈이지만, 앞으로도 오래오래 이 일을 하는 꿈을 꿔요. 대중과 소통하면서 대중이 좋아하는 음악을 만드는 게 꿈이죠.

노래를 만들 수 있는 원동력은 대중의 공감이에요. 대중이 좋아하는 음악을 만들지 못하면 이 일을 계속하기는 힘들 거예요. 저도 '포이트리' 라는 팀을 하고 있는데요. 팬들이 많지는 않지만 노래를 듣는 분들이 좋다고 해주고, 가끔 유튜브를 통해 외국에서도 좋다는 피드백이 올 때가 있어요. 그런 피드백이 저에게 힘을 주는 것 같아요.

포이트리 「니가 4시에 온다면」 작곡

집에도 작은 작업실이 있어요

CHAPTER. 8

10문 10답

앞에서 미처 알아보지 못한 궁금증을 해결하는 시간! 한 편의 노래를 만드는 데 시간은
얼마나 들고, 작곡가가 조심해야 할 것은 무엇일까요? 작곡가와 가수는 어떤 관계이고,
K-POP 작곡가는 작곡비를 얼마나 받을까요? 또 K-POP과 작곡가의 미래는 어떨까요?

한 곡이 완성될 때까지 시간은 얼마나 걸리나요?

곡마다 다른 것 같아요. 몇 날 며칠을 고민해도 안 나올 때도 있고, 영감이 떠올라서 30분 안에 써지는 곡도 있어요. 그런데 작곡을 하면 할수록 곡이 금방 나와도 검토하는 시간이 점점 더 길어지는 것 같아요. 곡이 더 좋아질 방법에 대한 고민이 늘어나니까요. 그리고 이후에 편곡, 녹음, 후반 작업에도 시간이 오래 걸려요. 편곡은 한번 시작하면 7~8시간은 꼬박 앉아서 해요. 더 길게 할 때도 있고요. 보컬 녹음도 아이돌 그룹 멤버들의 숫자가 많으니까 따로 녹음하면 최소 7~8시간 걸리죠. 예전에는 작곡가들이 거의 다 직접 디렉팅을 했었는데, 최근에 아이돌 그룹들은 전문 디렉터가 있어서 그 일을 대신하기도 해요. 솔로 가수는 자신만의 스타일이 확고하니까 작곡가와 소통하면서 녹음하면 되는데, 아이돌 그룹은 가창부터 세세하게 디렉팅을 줘야 하는 때가 많아서 전문 디렉터가 그 역할을 하는 거죠. 노래 한 곡이 나오려면 긴 시간이 필요해요.

작곡가의 모습이 잘 드러난
영화가 있을까요?

레이 찰스의 일대기를 그린 <레이>, 존 카니 감독의 <원스>, <비긴 어게인>, <싱 스트리트>라는 영화가 있어요. 그중에 <원스>는 음악인이 주인공인 영화 중에서도 정말 잘 만든 영화로 음악의 힘을 느낄 수 있을 거예요. 작곡가들이 공감할 내용이 들어 있는 영화로는 <드림걸스>가 있어요. 제니퍼 허드슨의 동생이 작곡한 곡의 메인 보컬을 누구로 할 것이냐를 두고 비욘세와 제니퍼 허드슨이 경쟁하는데요. 개성이 강한 제니퍼 허드슨보다는 대중이 듣기에 더 편한 목소리를 가진 비욘세를 메인 보컬로 정하자고 할 때 제니퍼 허드슨의 동생이 찬성하는 장면이 있어요. 작곡가의 입장에서 누나보다 곡에 더 어울리는 비욘세를 선택한 거죠.

<와이키키 브라더스>라는 영화도 좋아요. 어린 시절부터 음악을 너무 좋아한 주인공이 음악을 직업으로 삼았지만, 실패를 거듭하다 자신만의 음악을 찾아가요. 우울하고 어두운 면이 있지만 예술가의 본질적인 삶의 모습을 잘 보여주는 것 같아요.

작곡비는 어떻게 받나요?

　작곡가가 수익을 얻는 방법은 두 가지예요. 하나는 곡을 팔고 받는 작곡비이고, 다른 하나는 저작권료예요. 작곡비는 작곡가마다 다 다르게 받아요. 유명한 작곡가는 부르는 게 값이라고 할 수 있어요. 저는 500~1,000만 원 정도 받아요. 작곡가는 더 받고 싶고 기획사는 덜 주고 싶어 하는데, 서로의 관계를 생각하며 잘 조율해야 해요.

　저작권료는 어떤 노래가 상업적인 용도로 사용될 때 그 곡의 저작자인 작사, 작곡가, 편곡가에게 일정 금액의 사용료가 지급되는 방식이에요. 앨범이나 음원 판매, 노래방, 스트리밍, 유튜브, 라디오, 방송이나 드라마에 등에서 곡이 사용되면 저작권협회에서 음원 사용에 관한 정보를 수집하고 징수해서 입금해 주는 방식이에요. 저작권료는 정해진 비율이 있어요. 앨범 판매에서는 작사와 작곡을 다 했을 때 10% 정도가 저작권료예요. 여러 명이 공동 작업을 한 경우는 거기서 또 나눠요. 요즘은 아이돌 그룹의 앨범 판매량이 워낙 많아서 앨범 저작권료가 꽤 커요. 대신 앨범 판매는 일시적이라는 특징이 있어요.

히트곡이 많은 작곡가라면 꾸준히 저작권료를 받을 수 있어요. 예를 들어 전 세계 캐럴 중에서 제일 유명한 머라이어 캐리의 <All I Want for Christmas Is You>라는 곡은 발표된 지 30년 정도 되었는데, 그동안의 저작권료가 거의 천억 원이 된다고 해요.

작업실이 필요한가요?

저는 동료들과 같이 쓰는 작업실도 있고, 집에서 혼자 사용하는 공간도 있어요. 음악 스타일에 따라 혼자 일할 때도 있지만, 아이돌 음악은 서너 명이나 많게는 열 명 가까운 사람이 협업하는 때도 있거든요. 여러 명이 같이 작업할 때는 온라인으로도 하지만, 직접 만나서 하는 게 빠르고 소통하기도 편하기 때문에 작업실에 모여서 일하는 때가 많아요.

작업실에는 보통 피아노 형태의 건반이 있어요. 건반은 그 자체로도 소리가 나지만, 마스터 건반으로 활용해요. 마스터 건반은 미디 작업을 할 때의 입력장치로 미디에서 사용하는 다른 악기들, 드럼이나 기타 베이스, 스트링 브라스 등을 연주해요. 진짜 악기가 아니라 일종의 가상 악기로 미디에서는 가상 악기를 많이 써요.

압구정 작업실

개인 작업실 신시사이저와 마스터 건반

2017년 LA 송캠프 현장

DJ 출신의 작곡가도 많은가요?

　2010년 이후에 DJ가 중심이 된 음악이 팝 시장에서 완전히 자리를 잡았어요. DJ도 하면서 프로듀싱을 하는 거죠. 해외에서는 알렌 워커, 체인스모커스, 스크릴렉스 같은 프로듀서가 있고, 국내에는 뉴진스의 곡들을 프로듀싱한 250, FRNK도 DJ 출신이예요. DJ들은 페스티벌이나 클럽에서 신나는 느낌을 주기 위해 기존 음악에 드럼을 더 올려서 댐핑이 좋은 강렬한 사운드를 만들어요. 댐핑은 쉽게 말해 심장이 울리는 것처럼 드럼과 비트가 많이 울리는 걸 말해요. 어떻게 하면 댐핑을 잘할까 연구하는 사람들이라 댄스 음악을 잘 만들 수밖에 없는 것 같아요.

　팝 음악에서는 어떤 장르적인 음악을 대중화하는 경우가 많은데, 그 안에서 DJ의 프로듀싱 능력이 빛을 발하는 거죠. DJ 출신의 프로듀서들은 디스코, EDM 같은 장르를 차용해서 곡을 만드는데 능숙하고, 그 사운드를 제대로 구현하는 데 탁월한 능력이 있어서 작곡가로서도 큰 활약을 하는 것 같아요.

QUESTION
06

작곡가가 조심해야 할 것은 무엇인가요?

곡을 의뢰하는 리드를 받으면 그에 맞는 특정한 곡이나 스타일, 사운드를 참고해서 작업하는 때가 많아요. 이것을 레퍼런스(reference)라고 해요. 이때 주의해야 할 것은 바로 표절이에요. 레퍼런스를 기반으로 하면서도 나아가 다른 차원의 작품을 만들어야 내야 하는데요. 그러기 위해서 자신만의 색깔과 아이디어가 필요하죠. 다른 작품의 영향을 받더라도 자기만의 스타일로 완전히 새로운 창작물을 만들어내는 게 중요해요.

예전에는 네 마디 이상이 같으면 표절이라고 했는데, 지금은 모호한 부분이 많아졌어요. 실제로 미국에서 표절 시비가 붙으면 법정에서 원곡의 영향을 얼마나 받았는지, 원곡이 없어도 이 노래가 만들어질 수 있는지, 이런 깊은 논의까지 하더라고요. 표절 문제는 여러 가지 다양한 요소들을 고려해야 하므로 명확한 기준을 잡기가 어려운 것 같아요. 하지만 표절 문제가 생기는 건 좋은 일은 아니니까 작곡가 스스로 더 조심할 수밖에 없어요.

작곡가와 가수는
어떤 관계인가요?

가수와 작곡가는 기본적으로 서로 존중하는 관계예요. 녹음할 때는 가수를 만날 수밖에 없는데요. 전문 디렉터가 담당하면 작곡가가 참여하지 않을 때도 있지만 보통은 직접 참여해서 가수를 만나요. 제 경험상 개인적으로 동경하고 좋아하는 가수를 만날 때는 조금 떨리는 것 같아요. 양희은 선배님과는 라디오 로고송을 녹음한 적도 있고, 성시경이 작곡한 양희은 선배님 곡에 편곡자로 참여했던 적이 있는데요. 선배님은 편하게 대해주시는데 저는 무척 떨리더라고요.

박효신은 저의 디렉팅이 의미가 있나 싶을 정도로 노래를 잘해서 놀랐던 적이 있어요. 보통은 작곡가가 만족할 때까지 녹음을 진행하는 경우가 많은데, 박효신과 같은 가수들은 제가 만족해도 가수 스스로 기준을 높게 잡고 여러 번 더 녹음하기도 해요.

아이유를 만났을 때도 생각나네요. 그때는 당시 앨범 프로듀서가 디렉팅을 맡아서 했고, 저는 뒤에서 지켜보기만 했어요. 어린 나이였지만 노래를 무척 야무지게 불렀던 기억이 나요. 그리고 아이돌 가수들은 대부분 작곡가나 디렉터를 믿고 따라오는 경우가 많아요. 멤버가 많아서 순서를 기다리는 시간도 길고, 스케줄도 있고, 안무 연습도 있고, 일정이 바쁘고 타이트해서 저희도 조율하면서 진행하는데, 녹음 과정이 다른 가수들에 비해 상대적으로 힘들다고 할 수 있어요.

포이트리 「니가 4시에 온다면」 녹음실 With 옥상달빛

영감과 노력 중에 무엇이 더 중요한가요?

저는 노력이 더 중요하다고 생각해요. 영감은 아무것도 없는 상태에서 떠오르는 게 아니에요. 음악에 관한 공부를 하고, 다른 음악도 많이 듣고, 독서나 다른 활동을 하는 등 노력의 결과로 생기는 거죠. 멋진 곡을 작곡하고 싶다면 다른 음악도 많이 들어보고, 자신만의 음악을 찾기 위해 끊임없이 공부하고 연구하는 과정이 필요해요.

그리고 자신만의 분명한 생각을 가지는 게 중요해요. 이것을 영감이라고 할 수도 있을 텐데, 자신만의 스토리가 있어야만 레퍼런스를 기반으로 독창적인 결과물을 만들어 낼 수 있어요. 무언가 문득 떠오를 때 메모를 해 두는 습관도 도움이 돼요. 나중에 어떤 상황이 왔을 때 꺼내서 쓸 수 있거든요.

K-POP은 앞으로 어떻게
변할까요?

　팬덤이 많이 생긴다면 K-POP은 꾸준히 성장할 것으로 보여요. 현재는 BTS가 정상에 있지만, 세븐틴, 스트레이키즈, NCT 이런 팀들도 이미 앨범 판매량이 300~500만 장 정도 돼요. 이 정도는 국내에서는 불가능한 숫자예요. 전 세계에 그만큼 팬덤이 있기 때문에 가능한 거죠.

　요즘은 CD를 거의 듣지 않는데 이만큼 CD가 팔린다니 놀라운 일이죠. 듣기 위해서 사는 게 아니라 굿즈를 사듯이 사는 거예요. 그 안에 사진첩이나 화보도 있거든요. CD 한 장에 1~2만 원 정도니까 300만 장이면 300억 원 이상이에요. 전 세계 팝 시장에서도 300만 장 이상 앨범을 팔 수 있는 가수가 많지 않아요. 왜냐하면 요즘은 음악을 스트리밍이나 유튜브로 듣거든요. 그래서 이것을 K-POP 팬덤의 특징으로 보기도 해요.

　팬덤 사업은 산업적으로 봤을 때 큰 장점이에요. 팬들이 앨범만 사는 게 아니라 공연마다 여러 번씩 오고, 해외 공연도 찾아와요. 높은 충성도를 가진 팬덤이 많이 생기면 산업적으로나 경제적으로 큰 효과를 거둘 수 있죠. 이런 특징들 때문에 K-POP의 성장은 지속될 거라 생각해요.

또 K-POP의 변화도 예상되고 있는데요. 미국은 10대와 20대의 아시아계 인구 비율이 점점 높아지고 있는데, 그 세대가 이미 K-POP을 좋아하고, 앞으로도 K-POP을 좋아할 가능성이 커요. 백인이나 라틴계 청소년들도 기성세대보다 K-POP에 친밀감을 가지고 있어서 당분간은 지금 같은 인기가 지속될 것 같아요.

BTS가 미국 시장에 진출한 후로 처음부터 미국에서 활동을 시작하는 아이돌 팀들이 생겼어요. JYP와 하이브가 먼저 시작했는데요. 기존에는 한국 멤버와 아시아계 멤버가 한국어로 노래를 불렀다면, 지금은 미국에서 여러 인종의 멤버가 영어로 노래를 불러요. 완전히 현지화된 K-POP 아이돌 그룹이죠. 이런 시도가 계속된다면 K-POP은 계속 발전할 거라 생각해요.

K-POP 작곡가의 미래는
어떨 거라고 예상하세요?

미국에서 노래 한 곡이 히트해서 빌보드 차트에 들어가면 수십억에서 수백억 원을 벌 수 있다는 말이 있어요. 실제로 시장이 워낙 크니까 가능한 일이죠. 예전엔 영미권 음악 시장에서만 이런 일이 가능했다면, 지금은 우리나라 K-POP 작곡가들도 가능성이 보여요. 얼마 전에 <유 퀴즈 온 더 블록>이라는 프로그램에 박진영 프로듀서도 이 이야기를 하더라고요.

그리고 이제는 아이돌 음악을 넘어서 한국 가요, 발라드와 트로트뿐만 아니라 K-드라마의 인기에 힘입어 OST까지 해외에서 많은 사랑을 받고 있어요. 불과 몇 년 전까지만 해도 상상도 못 했던 일이죠. 그로 인해서 작곡가의 수익은 더 커질 거라고 예상해요.

한국 문화의 영향력이 커지면서 K-POP을 만드는 것만으로도 세계 음악 시장에서 중심에 서는 시대가 되었어요. 어린이 여러분도 그런 자부

심을 충분히 가져도 될 것 같은데요. 지금 어린 세대는 이전 세대가 만든 성과의 혜택을 누릴 수 있는 것 같아요.

CHAPTER. 09

서정진 작곡가의

V-LOG

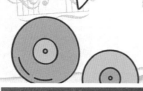

821 Sound 마스터링 룸

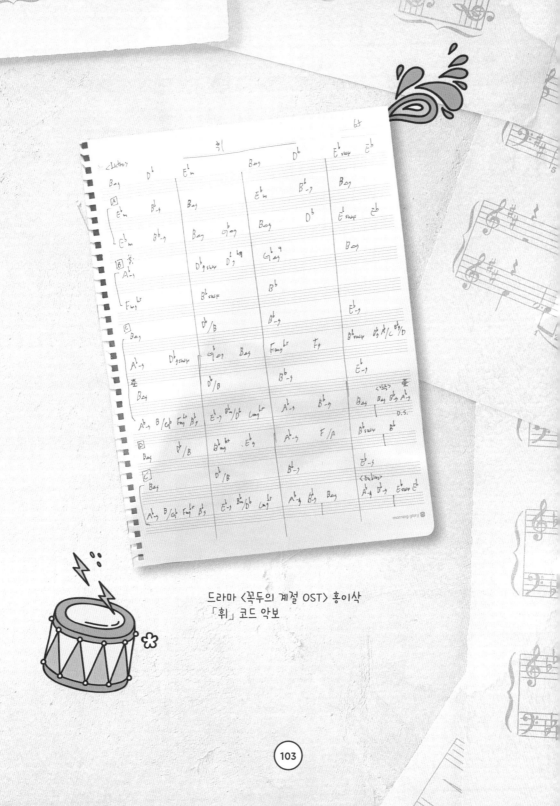

드라마 〈꼭두의 계절 OST〉 홍이삭
「휘」 코드 악보

2017년 핀란드 송캠프 현장 외국 작가들

LA 리코딩 스튜디오 작곡팀 MELODESIGN

신승훈, 서인국, 김나영 사인 CD

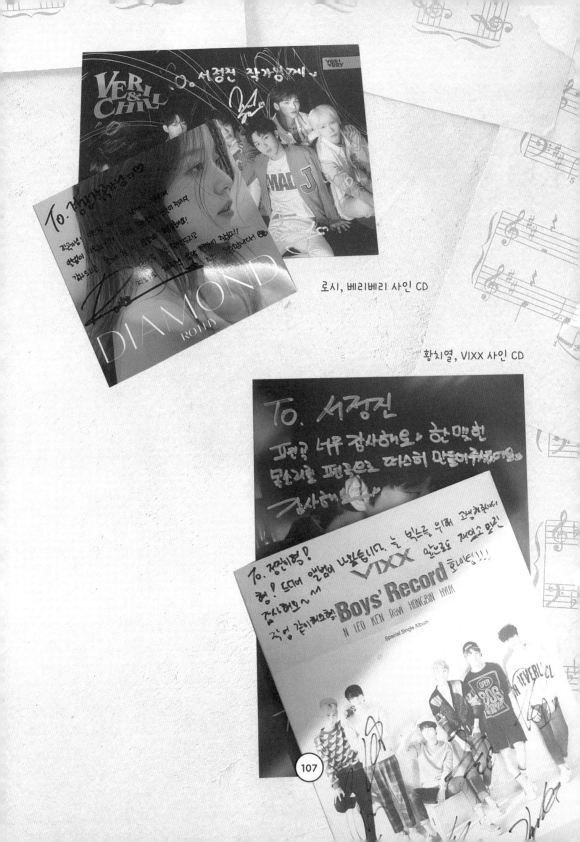

로시, 베리베리 사인 CD

황치열, VIXX 사인 CD

포이트리 「Organic Love」 녹음 현장 With 영준

〈김나영 콘서트〉
가수 대기실
With 김나영

압구정 작업실 보컬 녹음 부스

CD 장

성시경, 박효신, 이석훈, 서인국, VIXX
「크리스마스니까」 앨범

2023년 〈VIXX 콘서트〉

MELO ▶ ESIGN

작곡 팀 MELODESIGN 로고

김나영 「The Youngest Day」
앨범 재킷

젤리피쉬 캐럴
「사랑 난로」 앨범 재킷

〈응답하라 1994〉 OST 성시경
「너에게」 앨범 재킷

〈낭만닥터 김사부〉 OST 신용재
「언제나 괜찮아」 앨범 재킷

〈푸른 바다의 전설〉 OST 린
「Love Story」 앨범 재킷

CHAPTER. 10

나도 K-POP 작곡가

기타나 피아노를 이용해 간단한 코드를 배워보세요. 배운 코드를
써서 코드 진행을 만들고, 가사와 멜로디를 만들어보세요.

유튜브에서 미디에 대해 검색해서 작업하는 과정을 알아보세요.

피아노나 기타, 베이스, 드럼 등을 각자 배워서 밴드를 결성하고,
마음에 드는 노래를 합주해 보세요.

최신 유행하는 팝 음악을 조사해서 들어보고, K-POP 노래들과 비교
해서 들어보세요.

유튜브에서 자신이 좋아하는 아이돌 곡이나 유명한 팝송들의 오리
지널 데모를 검색해서 찾아 들어보세요.

휴대전화 앱에 있는 가라지 밴드를 이용해 비트를 만들어보세요.

초등학생의 진로와 직업 탐색을 위한 잡프러포즈 시리즈 46

K-POP 작곡가는 어때?

2024년 12월 1일 | 초판 1쇄

지은이 | 서정진
펴낸이 | 김민영
펴낸곳 | 토크쇼

편집인 | 박성은
표지 디자인 | 이희우
본문 디자인 | 책읽는소리
마케팅 | 신성종
홍보 | 이예지

출판등록 2016년 7월 21일 제2023-000173호
주소 | 서울시 마포구 월드컵북로98, 2층 202호
전화 | 070-4200-0327
팩스 | 070-7966-9327
전자우편 | myys327@gmail.com
ISBN | 979-11-94260-17-2(73190)
정가 | 13,000원